AF302573

PRODUKTIVER ARBEITEN

Tipps und Tricks
zur Steigerung Ihrer Produktivität

Verfasst von Karine Desprez

Übersetzt von Julia Buchrieser

PRODUKTIVER ARBEITEN

- **Ziel:** Schneller und effizienter arbeiten, um mehr Zeit und Energie für andere Projekte zu haben.
- **Anwendung:** Heutzutage soll alles immer schneller gehen. Um sich das Leben zu erleichtern und sich weiterhin wohl zu fühlen, sollte man daher lernen, wie man seine Produktivität steigern kann, ohne sich dabei völlig zu verausgaben.
- **Arbeitskontext:** Zeitmanagement, Projektmanagement, Arbeitsorganisation
- **FAQ:**
  - Ist der „Weg des geringsten Widerstands" ein anerkanntes Prinzip?
  - Wie kann man eine effiziente und motivierende Aufgabenliste erstellen?
  - Wie kann man angesichts ständiger Störungen (Unvorhergesehenes, Unterbrechungen etc.) produktiv bleiben?

- Wie kann man sich auf die angestrebten Ergebnisse konzentrieren?
- Trägt ein Mittagsschläfchen zu besserer Konzentration und höherer Produktivität bei?

EINLEITUNG

> Ich wähle immer eine faule Person, um einen harten Job zu machen. Denn eine faule Person findet einen einfachen Weg, es zu tun. (Bill Gates)

Fristen und Verpflichtungen im Berufsleben üben oft Druck aus, der meist nicht leicht auszuhalten ist. Da man sich verpflichtet fühlt, immer mehr zu arbeiten, kann sich dieser Stress auf das eigene Wohlbefinden auswirken und zu gesundheitlichen Problemen führen. Eine bessere und nachhaltigere Lösung als schlicht mehr zu arbeiten, besteht darin, seine Energie und damit auch Produktivität zu steigern, um mehr in weniger Zeit zu schaffen.

Bessere Ergebnisse zu erbringen, ohne dafür härter zu arbeiten, ist keine neue Idee. Dafür sollten Sie wissen, womit Sie sich beschäftigen sollten, wie sie Energie sammeln und wie Sie damit effizienter arbeiten können. Vereinfachen Sie Ihre Arbeit, um Überlastung zu vermeiden und Ihre Aufgaben dennoch professionell zu erledigen.

Mehr in weniger Zeit zu schaffen kann einen wesentlichen Einfluss auf Ihren Erfolg und Ihr Wohlbefinden haben.

KLUG UND FAUL SEIN: DIE GRUNDLAGEN

EIN GANZHEITLICHES SYSTEM: AUFGABEN UND TERMINE MIT DEM *BULLET JOURNAL* KOORDINIEREN

Sie wissen es bestimmt bereits: Man kommt nicht weit ohne ein Organisationssystem, das verschiedene Aspekte des Lebens (Arbeit, Haushalt, Familie, langfristige Vorhaben etc.) berücksichtigt. Wenn Sie noch keines haben, ist das der erste Schritt zu mehr Produktivität.

Haben Sie schon vom *Bullet Journal* gehört? Dieses Konzept ist sehr einfach in seiner Struktur und Anwendung – Sie können darin all Ihre Ideen festhalten und gleichzeitig einen strukturierten Zeitplan für alle Ihre Projekte, Aufgaben, Ereignisse etc. erstellen. Befolgen Sie dabei folgende Grundregeln:

- nummerierte und indexierte Seiten
- nur ein Thema pro Seite

- chronologische und thematische Nachbearbeitung

Sie brauchen dafür einfach ein Heft mit
Seitennummern (die Sie auch selbst hineinschreiben können) und etwas zum Schreiben.
Anschließend schreiben Sie die für diese
Methode notwendigen Hilfsmittel in das Heft:
Symbole, Inhaltsverzeichnis, Kalender und
Ideensammlungen.

Symbole

Beginnen Sie mit der Bestimmung von elementaren, visuellen Symbolen, die Ihnen helfen, die
notierten Informationen zu filtern und wiederzufinden. Es gibt zwei Arten: die „Schlüssel" zur
Unterscheidung von Aufgaben, Ereignissen und
einfachen Notizen; und die „Signifikanten" zur
besseren Definition der Schlüssel, wobei wenn
nötig ein zweites Symbol hinzugefügt wird.

Beispiele für Schlüssel:

- ein einfacher Punkt (*bullet* im Englischen) für
  Aufgaben
- ein „o" für Ereignisse
- ein Bindestrich für Notizen

Beispiele für Signifikanten:

- ein Sternchen für wichtige Aufgaben
- ein Ausrufezeichen für Ideen, Zitate etc.
- ein kleines Dreieck für Dinge, die zuhause erledigt werden müssen
- ein „w" für Aufgaben, die tagsüber bei der Arbeit erledigt werden müssen, was auch persönliche Dinge sein können, wie ein Anruf beim Arzt während der Mittagspause

TIPPS

- Bleiben Sie einfach und praktisch. Bestimmen Sie nur eine gewissen Anzahl an Schlüsseln und Signifikanten, um nicht die Übersicht zu verlieren und sie schnell notieren zu können. Machen Sie sich zudem eine Legende am Anfang des Hefts für den Fall, dass Sie die Bedeutung der Symbole vergessen.

Inhaltsverzeichnis

Lassen Sie die ersten drei oder vier Seiten Ihres Heftes für ein Inhaltsverzeichnis frei, das sie schrittweise vervollständigen und das Ihnen dabei helfen soll, sich in Ihren Notizen zurechtzufinden. Immer wenn Sie etwas Neues in Ihr Heft schreiben, können Sie es vorne angeben, damit Sie es später schneller wiederfinden.

Wenn Sie beispielsweise eine neue Seite für in der kommenden Woche zu erledigende Aufgaben beginnen, können Sie sie mit „Woche vom 31.10. bis 6.11." betiteln und den Titel sowie die Seitennummer vorne im Inhaltsverzeichnis angeben.

Kalender – Jahres-, Monats- und Tagesplanung

Teilen Sie die vier nach den für das Inhaltsverzeichnis freigelassenen Seiten der Länge nach in drei Teile, um 12 Rechtecke für jeden Monat des kommenden Jahres zu erhalten – das wird Ihre **Jahresplanung**. Dank diesem Kalender können Sie nun nicht nur lange im Voraus geplante Ereignisse oder Meetings eintragen, sondern auch Dinge, die auf lange Sicht ohne ein bestimmtes Datum zu erledigen sind. Wenn Sie möchten, können Sie auch einen zusätzlichen Kalender für das folgende Jahr anfertigen. Vergessen Sie aber nicht, die Seitenzahlen in Ihrem Inhaltsverzeichnis anzugeben.

Jahresplanung

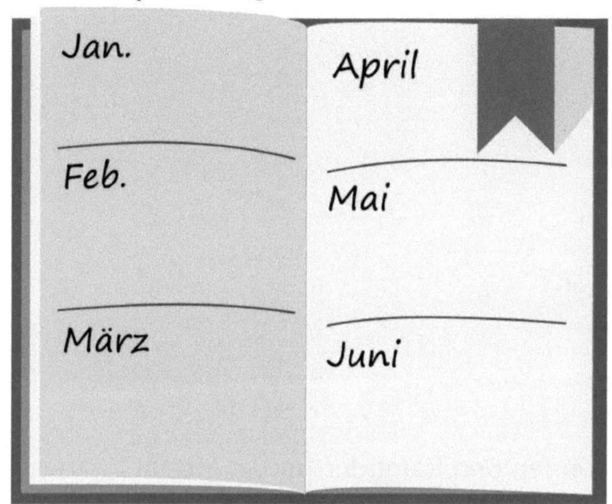

Machen Sie danach eine **Monatsplanung**. Schreiben Sie die Monate und Tage auf die linke Seite, um dort Ihre Meetings und Ereignisse notieren zu können und auf die rechte Seite die in diesem Zeitraum zu erledigenden Aufgaben.

Monatsplanung 1

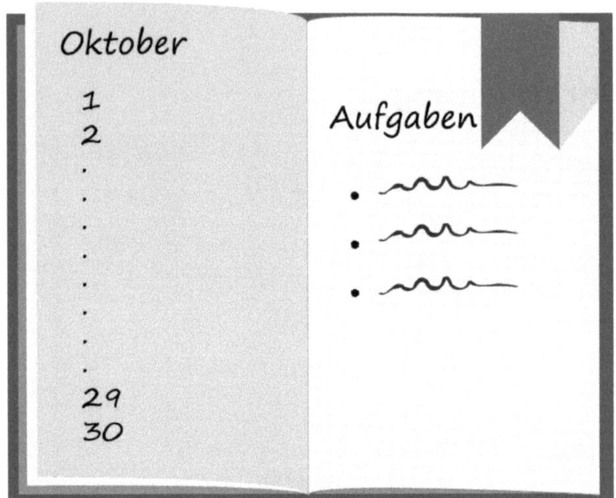

Sie können den Kalender für die Monatsplanung mit etwas mehr Aufwand auch visueller, ähnlich der Jahresplanung, gestalten, indem Sie dafür einfach zwei Seiten benutzen. Denken Sie dabei daran, ein wenig Platz für eine Liste der während des Monats zu erledigenden Aufgaben zu lassen. Übertragen Sie die Seitenzahlen in das Inhaltsverzeichnis.

Monatsplanung 2

Oktober

Mo	Di	Mi	Do	Fr	Sa	So
					1	2
3	4	5	6	7	8	8
10	11	12	13	14	15	16
17	18	19	20	21	22	23
24	25	26	27	28	29	30

Gehen Sie als nächstes zur **Tagesplanung** über. Tragen Sie Datum und Wochentag ein und notieren Sie mithilfe der oben genannten Symbole Ereignisse, Aufgaben oder Ähnliches in der Reihenfolge, wie sie Ihnen einfallen. Am Ende des Tages sollten Sie Bilanz ziehen: Erledigte Aufgaben werden mit einem „x" markiert; Aufgaben, die auf einen anderen Tag verschoben werden, mit einem „>" und in den jeweiligen Plan übertragen (Jahres- oder Monatsplanung, nächster Tag ...); unwichtige Aufgaben werden durchgestrichen; wichtige Überlegungen werden in die richtige Sammlung übertragen etc. Schreiben Sie Datum und Wochentag des nächsten Tages auf die nächste Seite und fahren Sie wie beschrieben fort. Und vergessen Sie nicht, die verwendeten Seiten im Inhaltsverzeichnis anzugeben.

Am Ende des Monats sollten Sie die Planung des nächsten Monats in Ihr Heft eintragen, bevor Sie mit der Tagesplanung weitermachen, und so weiter.

Sammlungen

Parallel zum Kalender, der Ihnen zur Koordinierung Ihrer Termine und Aufgaben dient, sollten Sie auch Seiten für „Sammlungen" einplanen, um Ideen zu einem bestimmten Vorhaben oder Thema, das Sie besonders interessiert, sammeln zu können. Sie wollen Informationen eintragen über alle Bücher, die Sie in einem Jahr gelesen haben? Sie organisieren ein Event und wollen alle Ideen dafür an einem Ort sammeln, um für einen unvergesslichen Moment sorgen zu können? Sie wollen eine Liste Ihrer Ausgaben erstellen? Nehmen Sie dafür einfach eine Seite Ihres *Bullet Journals* und vergessen Sie nicht, das im Inhaltsverzeichnis anzugeben. So kann das Heft auch zum Projektmanagement genutzt werden.

Die Methode des *Bullet Journals* ist nicht neu – man kombiniert damit den klassischen Kalender mit einem Notizbuch –, aber es ist eine einzigartige, einfache, effiziente, mobile, günstige, für alle Situationen geeignete Organisationslösung, die nicht von Internet und Strom abhängig ist. Vielleicht bietet es die Lösung, die Sie schon so lange suchen!

Erfahren Sie mehr über diese Methode unter: http://bulletjournal.com/.

AUFWAND SPAREN

Sie haben nun eine Methode gefunden, die Ihnen bei der Sammlung und Organisation Ihrer Aufgaben, Termine und Ideen hilft. Dabei kann es sich um ein *Bullet Journal* oder ein anderes System handeln, das Ihnen geeigneter erscheint. Als nächstes lernen Sie, wie Sie Ihre Aufgaben einfacher erledigen können.

Wenn die vedische Lehre von Erfolg spricht ...

In der vedischen Tradition (verbunden mit Veda – Texte auf Basis der hinduistischen Spiritualität) existiert das Prinzip der Aufwandseinsparung: Wenn man im Sinne seiner wahren Natur etwas mit Liebe macht, kostet es einem keine Energie. Man kann daher viel mehr davon machen, ohne ein Burnout zu riskieren. Dieses Prinzip beruht auf drei Bestandteilen: Akzeptanz, Verantwortung und Verzicht.

Beginnen Sie jeden Tag damit, Ereignisse und Personen so zu **akzeptieren**, wie sie sind. Hören Sie auf, gegen ungerechte Situationen oder engstirnige Vorgesetzte zu protestieren – alles ist so, wie es sein muss. Sie sollten dementsprechend handeln und keine Zeit damit verschwenden, sich dagegen aufzulehnen. Natürlich heißt das nicht, dass Sie allem widerstandslos zustimmen sollen, aber Sie sollten sich Ihrer Möglichkeiten bewusst sein und begreifen, dass es unnötig ist, sich über etwas zu ärgern, worauf Sie keinen Einfluss haben. Akzeptieren Sie, dass die Realität ist, wie sie ist.

Angesichts dieser Realität sollten Sie **Verantwortung** für Ihre Gefühle übernehmen. Wenn Sie bestimmte Ereignisse frustrieren oder wütend machen, passiert das nicht, weil die Ereignisse selbst unangenehm sind, denn sie existieren einfach ohne positiven oder negativen intrinsischen Wert. Sie fühlen deshalb so, weil Ihr Blick auf die Umstände verfälscht ist; Sie haben die Situation nicht als äußeren Faktor akzeptiert. Sie können dem entgegenwirken, indem Sie Ihre Aufmerksamkeit von der Situation auf Ihre Empfindungen lenken. Sie sind die Person, die wütend ist, und Sie allein haben die Chance, das zu ändern. Sie können auf Ihre Sichtweise der Dinge einwirken und sie ändern – Sie sind sich selbst gegenüber sogar dazu verpflichtet. So können Sie die Situation zu Ihrem Vorteil nutzen, daraus Lehren ziehen, anstatt sich in einen aufreibenden Kampf zu stürzen, den Sie nicht gewinnen können.

Die Idee dahinter ist jedoch nicht, alles widerstandslos zu ertragen – das wäre keine Verantwortungsübernahme, sondern ein Eingeständnis von Schwäche –, aber Sie können sich beispielsweise sagen: „Ich habe die Wahl getroffen, dort zu sein, wo ich bin und ich akzeptiere, dass mein Chef ist, wie er ist. Wenn mich seine Engstirnigkeit so sehr stört, ist das nur meine Empfindung und ich übernehme die Verantwortung dafür. Ich werde meine Energie nicht verschwenden, um über seine Fehler nachzudenken, sondern darüber nachdenken, was mir diese schwierige Beziehung für die Zukunft bringt." Und wenn es Ihnen trotzdem unmöglich ist, mit den negativen Gefühlen, die er in Ihnen auslöst, zu leben, sollten Sie sich bewusst sein, dass es an Ihnen liegt und konsequent handeln: Suchen Sie das Gespräch mit Ihrem Chef und legen Sie Ihre Sichtweise objektiv dar; zeigen Sie ihm einen ganz anderen Zugang; schlagen Sie ihm ein Gespräch in Anwesenheit eines Mediators vor; kündigen Sie; etc.

Wenn Sie die Realität akzeptieren und Verantwortung ihr und Ihren Gefühlen gegenüber übernehmen können, sind Sie in der Lage, **zu verzichten** und mit dem Strom zu schwimmen. In Konfliktsituationen können Sie darauf verzichten, Ihren Standpunkt um jeden Preis darlegen zu müssen – zumindest, wenn es nicht zwingend notwendig für Ihre Motivation und

Ihr Selbstwertgefühl ist. Sie sind dadurch aufmerksamer im Hinblick auf Ihre Bedürfnisse und darauf, was Sie von anderen oder aus bestimmten Ereignissen lernen können, ohne unnötige Energie für die Verteidigung Ihrer Sichtweise der Dinge zu verschwenden.

Diese Energie kann für Sinnvolleres gespart werden, beispielsweise für die Suche nach kreativen Problemlösungen. Durch diese Denkweise können Sie ähnliche oder einfachere Wege zur Überwindung vermeintlicher Hindernisse finden. Und das ist viel besser! Es ist unnötig und kontraproduktiv nach Problemen zu suchen. Sie müssen Ihren Nutzen aus dem ziehen, was Ihnen einfach und natürlich erscheint – das, was Ihnen einfach erscheint, ist jedoch oft für andere schwierig –, um Ihre Fähigkeiten weiterzuentwickeln. Wenn Sie ab und zu auf etwas verzichten, können Sie relativ mühelos spontan handeln und sich selbst verwirklichen. Mit dem, was Ihnen am leichtesten fällt, werden Sie am meisten erreichen.

Natürlich heißt das nicht, dass Sie nicht mehr arbeiten müssen, um Ihre Ziele zu erreichen, aber Sie sollten den Weg gehen, der Ihnen am einfachsten und natürlichsten erscheint, um mehr Energie zur Verfügung zu haben, mehr Motivation und mehr Kreativität, um die Alltagsprobleme zu überwinden, die sich in der Folge auch leichter aus der Welt schaffen lassen.

Seien Sie sich dessen bewusst, dass Ihnen manche unvermeidlichen Aufgaben trotz aller Kreativität, Energie und Motivation weiterhin schwerfallen werden. Um diese zu bewältigen, gibt es einige nützliche Konzepte und Methoden, die Ihnen dabei helfen können, effizienter zu arbeiten und überflüssige Anstrengungen zu vermeiden.

Gewohnheiten schaffen

Der zweite wichtige Punkt in Bezug auf gesteigerte Produktivität ist die Tatsache, dass Gewohnheiten weniger Energie verbrauchen. Diese Einsicht bringt Sie zu folgenden Erkenntnissen:

- Sie können sich wiederholende Handlungen schneller durchführen, wenn sie zu Gewohnheiten werden. Dafür ist es ausreichend, sie stets zur selben Zeit am selben Ort zu machen. Nehmen Sie sich beispielsweise vor, vier Mal pro Tag Ihre E-Mails in strategisch günstigen Momenten zu checken, wie nach der Kaffeepause am Morgen, vor der Mittagspause und direkt danach sowie spät am Nachmittag. Wenn Sie öfter E-Mails mit ähnlichen Inhalten bekommen, sollten Sie ein Dokument mit halbautomatischen Antworten anfertigen, die Sie dann nur noch einzufügen brauchen. Beenden Sie Ihre Arbeit täglich zehn Minuten vor dem Verlassen Ihres Arbeitsplatzes, um ihn noch etwas aufzuräumen, etc.

- Um schneller bei wichtigen Projekten voranzukommen, sollten Sie je nachdem, wann Sie sich besser konzentrieren können, eine morgendliche und/oder abendliche Routine einführen, während derer Sie sich nur diesen Projekten widmen. Die Idee dahinter ist die Schaffung eines echten Rituals für eine Tageszeit (die meisten Menschen sind morgens am produktivsten), indem Sie kleine Tätigkeiten durchführen, die sich im Laufe der Zeit automatisieren. Wie das funktioniert? Suchen Sie nach einer kleinen, dem angestrebten Ziel entsprechenden Tätigkeit, die bei täglicher Wiederholung einen Einfluss auf die Resultate haben könnte. Wenn Sie beispielsweise Ihr

Englisch verbessern wollen, könnten Sie die erste Viertelstunde Ihres Arbeitstages damit verbringen, ein kurzes Video anzuschauen und die darin vorkommenden Vokabeln zu lernen. Nachdem das zur Routine geworden ist (Lassen Sie sich ein paar Wochen Zeit!), können Sie beschließen, die Einheit künftig mit einem Kaffee ohne Milch und Zucker abzuschließen. Die nächste halbe Stunde wird einem langfristigen Projekt gewidmet etc.

WUSSTEN SIE SCHON, DASS ...

von einem Arbeitstag:

- der Großteil Ihrer Zeit (60 %) proaktiven Tätigkeiten gewidmet ist (Arbeit an laufenden Projekten oder anderen Tätigkeiten, die im Unternehmen in Entwicklung begriffen sind);
- 25 % Ihrer Zeit von der Organisation von Meetings, Anrufen oder der Bearbeitung von Dokumenten eingenommen wird;
- die verbleibenden 15 % für Routinearbeiten verwendet werden.

So bekommen die dicken Akten auf Ihrem Schreibtisch, für die Sie nie Zeit bzw. Mut finden und die Sie immer erst in letzter Minute bearbeiten, endlich schrittweise den Platz in Ihrem Zeitplan, den sie brauchen. Einerseits können Sie durch die Automatisierung bestimmter sich wiederholender Aufgaben Ihren Zeitplan optimieren und andererseits haben Sie dadurch jeden Tag die Möglichkeit, bei wichtigen Projekten voranzukommen, ohne es überhaupt zu bemerken.

Prioritäten setzen nach dem Pareto-Prinzip

Eine andere bekannte Theorie, die Ihnen unnötige – oder wenig sinnvolle – Arbeit ersparen kann, ist das Pareto-Prinzip. Die 80-zu-20-Regel kann auf den Großteil der im Leben wichtigen Dinge angewendet werden.

Das Prinzip besagt, dass 80 % der Ergebnisse mit 20 % des Gesamtaufwandes erreicht werden können, das bedeutet, dass 20 % der Kunden 80 % der Umsätze bringen. Konkret heißt das, dass es ausreichend ist, wenn Sie Ihre Anstrengungen auf diese 20 % an wichtigen Aufgaben – die in direkter Verbindung zu Ihrem

Ziel stehen – konzentrieren und damit Ihren Erfolg maximieren.

Um diese Aufgaben zu bestimmen, können Sie die Eisenhower-Matrix verwenden. Mithilfe dieser Methode können Sie die Aufgaben je nach Dringlichkeit und Bedeutung in Kategorien einteilen.

Eisenhower

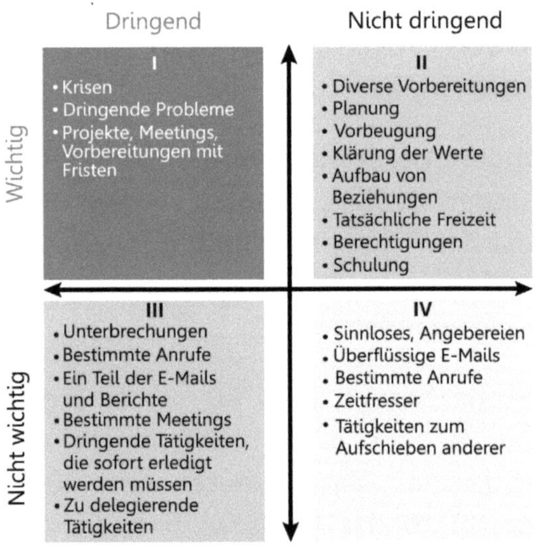

Sie werden dadurch herausfinden, welche Aufgaben wichtig und nicht dringend sind; diese sollten Teil Ihres morgendlichen Rituals werden. Mit dringenden Aufgaben werden Sie den Rest des Tages beschäftigt sein, egal ob diese wichtig sind oder nicht, und Aufgaben, die weder wichtig noch dringend sind, landen in der Schublade.

Zeit und Arbeit mit der Pomodoro-Technik strukturieren

Zeitmanagement ist ein Organisations- und Planungsprozess, der darin besteht, seine Zeit zwischen unterschiedlichen Aktivitäten aufzuteilen. Gutes Zeitmanagement ermöglicht es Ihnen, mehr in kürzerer Zeit zu machen, auch wenn ein Zeitplan oft straff organisiert ist und dadurch Druck ausüben kann. Ein ungefähres Zeitmanagement kann Ihrer Effizienz bei der Arbeit jedoch genauso schaden und Stress auslösen.

Nach der Bestimmung der wichtigsten Aufgaben besteht ein weiterer Schlüssel zur Produktivität ohne viel Aufwand darin, den Tag gut einzuteilen, und Multitasking sowie Störungen zu vermeiden. Tatsächlich verlieren Sie eher an Zeit, als dass Sie welche gewinnen, wenn Sie mehrere Aufgaben gleichzeitig bearbeiten, denn dadurch verlieren Sie möglicherweise den Überblick.

Um sich auf eine einzige Aufgabe konzentrieren zu können, empfiehlt sich die Pomodoro-Technik. Diese Methode wurde in den 1980er Jahren vom Italiener Francesco Cirillo entwickelt. Dabei soll die Zeit mithilfe eines Kurzzeitweckers in 25-Minuten-Abschnitte – die sogenannten Pomodori – unterteilt werden. Jeder dieser Abschnitte wird einer einzigen, vorher definierten Aufgabe gewidmet. Eine dieser Aufgaben könnte zum Beispiel die Bearbeitung Ihrer E-Mails sein.

Pomodoro

Machen Sie nach den 25 Minuten eine 5-minütige Pause. Nach vier Pomodori sollten Sie eine Pause von 15-20 Minuten machen. Gönnen Sie sich eine richtige Pause, in der Sie sich entspannen können, ob Sie nun einen kleinen Spaziergang an der frischen Luft machen, eine Tasse Kaffee trinken oder Kreuzworträtsel lösen. Häufige Pausen sind gut für Ihre Motivation und Konzentration und vermeiden geistige Müdigkeit.

WARUM 25 MINUTEN?

Die empfohlenen 25 Minuten wurden nicht durch Zufall bestimmt. Diese Dauer hängt von der Aufmerksamkeitsfähigkeit des menschlichen Gehirns ab – zum einen relativ kurz, um Konzentration und Motivation zu fördern, zum anderen aber auch lange genug, um eine Aufgabe in der Zeit abschließen zu können.

Wenn Sie während einem dieser Abschnitte an etwas denken müssen, das nichts mit der Aufgabe zu tun hat, mit der Sie gerade beschäftigt sind, notieren Sie sich das und konzentrieren Sie sich gleich wieder auf die zu erledigende

Aufgabe. Machen Sie das Gleiche soweit möglich mit anderen Unterbrechungen (Fragen von Kollegen, Anrufe etc.). Schreiben Sie das Anliegen auf Ihre Aufgabenliste und bearbeiten Sie es entsprechend seiner Bedeutung während einem der nächsten Abschnitte. Wenn Sie die Unterbrechung nicht auf später verschieben können und sie länger als eine Minute dauert, sollten Sie im nächsten Abschnitt weitermachen.

Natürlich verlangen nicht alle Aufgaben denselben Zeitaufwand. Sie können daher mehrere Abschnitte für eine Aufgabe nutzen – sie sollte aber in Fragmente zerlegt werden und es sollten nicht mehr als sechs Abschnitte bis zu ihrem Abschluss nötig sein. Denn sonst verliert die Methode ihren Sinn, denn sie soll zu Ihrer Motivation und Konzentration dienen.

Achten Sie außerdem darauf, keine zu kurze Aktivität für einen Abschnitt vorzusehen. Planen Sie in dem Fall besser einen ganzen Abschnitt für alle kleinen Aufgaben ein, die insgesamt 25 Minuten dauern können.

Die Anwendung dieser Technik verlangt viel Disziplin und die minutiöse Organisation Ihrer

Arbeitstage unter Berücksichtigung Ihres Kalenders und Ihrer Prioritäten. Vergessen Sie nicht, etwas Zeit für unvorhergesehene Ereignisse einzuplanen.

<u>**WAS BRINGT IHNEN DIESE TECHNIK?**</u>

Erhöhte Konzentration.

Einen Zeitgewinn durch den motivierenden Rhythmus, der durch die Technik aufrechterhalten wird.

Einen Überblick über die Zeit, die man für eine Aufgabe braucht – nützlich für die Organisation Ihres Zeitplans.

Eine bessere Einschätzung der für die Erledigung einer Aufgabe notwendigen Zeit.

STRESS KONTROLLIEREN

Verantwortung im Beruf, Einhaltung von Verpflichtungen, Teamleitung etc. sind eine Quelle für Stress. Stress ist nicht immer schlecht. Innerhalb einer bestimmten Komfortzone sorgt er für Alarmbereitschaft und hilft Ihnen dabei, konzentriert, tatkräftig und leistungsfähig zu bleiben. Heutzutage ist die Arbeitswelt jedoch auch oft eine Gefühlsachterbahn: Erhöhung des Arbeitspensums, Verkürzung der Fristen, Überstunden, Entlassungen etc. stehen auf der Tagesordnung. Das alles macht Ihnen Sorgen und verunsichert Sie in Bezug auf den Umgang mit Ihrer Verantwortung. Sie fühlen sich überlastet, werden reizbar oder apathisch. Diese Art von Stress hat einen negativen Einfluss auf Ihre Motivation und Ihre Reflexionsfähigkeit. Um effizienter arbeiten zu können, sollten Sie sich selbst soweit wie möglich davor schützen.

Sie können viel Stress vermeiden, wenn Sie lernen, sich besser auszudrücken, um Ihre Beziehungen zu Vorgesetzten und Kollegen zu verbessern. Im Folgenden finden Sie nun einige Tipps gegen Stress:

- Versuchen Sie, in allen Lebenslagen möglichst positiv zu sein. Wenn Sie sich beispielsweise von einer zu umfangreichen Aufgabe überfordert fühlen, besteht der positive Ansatz darin, das Projekt in einzelne, einfacher zu erledigende Elemente aufzuteilen.

- Wenn Sie sich von den Worten eines Kollegen oder Vorgesetzten angegriffen fühlen, sollten Sie nicht sofort darauf reagieren. Nehmen Sie sich vor sich selbst in Acht, wenn Sie das Gefühl haben, kämpfen oder flüchten zu wollen, denn das sind impulsive, negative Reaktionen, die beherrscht werden sollen. Atmen Sie tief ein, hören Sie sich an, was Ihnen vorgeworfen wird und bitten Sie im Rahmen des Möglichen um Zeit, um in Ruhe darüber nachdenken zu können. Das wird Ihnen nicht nur dabei helfen, sich zu beruhigen und eine erwachsene Antwort darauf zu finden, sondern Sie können dadurch auch vermeiden, dass Sie etwas sagen, was Sie später vielleicht bereuen.

- Wenn Sie einen Konflikt mit einem Arbeitskollegen haben, sollten Sie darüber nachdenken, was Sie zu dessen Lösung beitragen können. Der Schlüssel liegt darin, dem anderen zuzuhören und danach seine Sichtweise darzulegen. Seien Sie unparteiisch und suchen Sie nach einer Win-Win-Lösung. Nach dem Konflikt können sich alle Teammitglieder wieder Respekt entgegenbringen und gemeinsam arbeiten.

- Verfallen Sie angesichts einer problematischen, für Sie ausweglosen Situation nicht in Panik. Versuchen Sie, sich selbst neue Möglichkeiten zu eröffnen. Dafür sollten Sie drei Regeln beachten, mithilfe derer Sie Stress in positive Energie umwandeln können: Akzeptieren Sie das Unveränderliche, verändern Sie etwas (alles von Ihnen abhängige; wie Ihre gewöhnliche Reaktion auf etwas, was andere sagen oder tun) und brechen Sie aus Ihrer Denkweise aus (gehen Sie mit stressigen Situationen positiv um). Dabei können Ihnen drei Fragen helfen: Was hat in der Vergangenheit in einer ähnlichen Situation geholfen? Was würde eine Person, die ich schätze, in dieser Situation machen? Was würde eine objektive, außenstehende Person in dieser Situation tun? Es kann auch hilfreich sein, sich Unterstützung am Arbeitsplatz zu suchen (ein Vorgesetzter, jemand aus der Abteilung für Human Resources, ein Gewerkschaftsvertreter etc.). Haben Sie keine Angst, mit Ihrem Vorgesetztem oder Ihren Kollegen über Stress zu sprechen. Das ist kein Zeichen von Schwäche. Ihre Mitarbeiter werden Ihre Probleme ernst nehmen, wenn das persönliche Wohlbefinden im Unternehmen wichtig ist.

Eine positive Haltung gegenüber der Arbeit trägt ebenfalls zu Ihrem Wohlbefinden bei und hilft Ihnen, mit stressigen Situationen besser umzugehen. Optimismus und der Kampf gegen die negativen Auswirkungen des Stresses kann auch Ihr Immunsystem stärken.

WUSSTEN SIE, DASS ...

Chronischer emotionaler Stress kann sich Einrichtungen des öffentlichen Gesundheitswesens zufolge auf praktisch jedes Organ negativ auswirken. Er kann zahlreiche gesundheitliche Probleme auslösen, beispielsweise:

- Schwächung des Immunsystems
- Bluthochdruck
- Geschwüre und Säure-Reflux
- Herzrasen
- Panikattacken
- Herz-Kreislauf-Probleme
- Schlaflosigkeit
- chronische Müdigkeit
- Atemprobleme
- Hautkrankheiten

TOP TIPPS

DIE DOPPELTE ARBEIT IN DER HÄLFTE DER ZEIT ERLEDIGEN

- Konzentrieren Sie Ihre Energie und machen Sie, worauf Sie Lust haben. Parallel dazu sollten Sie wichtige Aufgaben erledigen. Beschränken Sie Ihr Potenzial nicht darauf, nur das zu machen, was Ihnen aufgetragen wurde. Wagen Sie sich an Herausforderungen. Das wird Ihre Energie stärken und Ihnen helfen, Ihr Ziel zu erreichen.
- Wenden Sie das Pareto-Prinzip an, um effizient zu arbeiten. Das Prinzip 80/20 (80 % der Ergebnisse erfordern nur 20 % des Arbeitsaufwands) verhindert Zeitverluste und Sie können sich dadurch auf die wichtigen Dinge konzentrieren.
- Beseitigen Sie Tätigkeiten, die unnötig Zeit verschwenden, mithilfe der Eisenhower-Matrix. Seien Sie ehrlich zu sich selbst: Welche Ihrer Tätigkeiten sind unnötig? Versuchen Sie, sie endgültig zu beseitigen oder Ihnen zumindest weniger Zeit zu widmen.

- Konzentrieren Sie sich auf Ihre Fähigkeiten, anstatt auf Ihre Schwächen. Es ist viel gewinnbringender, seine Stärken auszuspielen. Abgesehen davon sollten Sie aber auch an verbesserungswürdigen Punkten arbeiten, um neue Kompetenzen zu erlangen. Das ist keine Zeitverschwendung, sondern eine Investition. Seien Sie motiviert!

- Arbeiten Sie an langfristigen Vorhaben oder komplexen Aufgaben, wenn Sie in der Lage sind, effizient zu arbeiten. Wenn Sie beispielsweise nach der Mittagspause müde oder unkonzentriert sind, können Sie sich Aufgaben zuwenden, die kein hohes Maß an Konzentration erfordern.

- Hören Sie auf mit Multitasking. Wenn Sie in der Lage sind, Ihre Prioritäten richtig zu definieren und sich die Zeit gut einzuteilen, gibt es keinen Grund, mehrere Aufgaben gleichzeitig zu erledigen. Denn das ist meist schlecht für die Konzentration und fördert Prokrastination.

- Praktizieren Sie die Kunst des Nicht-fertig-werdens. Ja, Sie haben richtig gelesen! Eine Tätigkeit zu beginnen heißt nicht unbedingt, dass sie auch am selben Tag abgeschlossen werden muss. Stellen Sie sich vor, dass ein

Problem auftritt und Sie den ganzen Tag mit seiner Lösung beschäftigt sind. Das kann einiges an Zeit kosten. Aber Achtung, das bedeutet nicht, dass Sie komplexe Aufgaben systematisch auf den nächsten Tag verschieben sollen. Bestimmen Sie einfach eine bestimmte Zeitspanne, während derer Sie an der jeweiligen Aufgabe arbeiten (fünf Abschnitte beispielsweise). Danach sollten Sie zu einer anderen Aufgabe übergehen, auch wenn Sie noch nicht mit der vorhergehenden fertig sind. Entwickeln Sie diese Gewohnheit, um Langeweile und Unproduktivität zu vermeiden. Auf diese Art und Weise können Sie sich etwas entspannen und später mit frischem Geist weiter an dem Problem arbeiten.

- Räumen Sie Ihren Arbeitsplatz auf. Ein Schreibtisch, wo nichts an seinem Platz ist, wirkt sich negativ auf Ihr seelisches Wohlbefinden und Ihre Leistungen aus. Sie sollten Ihr Büro so organisieren oder optimieren, dass Sie sich wohlfühlen.
- Schlaf spielt eine entscheidende Rolle in Bezug auf Ihre geistige und körperliche Gesundheit. Schlafmangel kann sich auch auf Ihre Arbeit auswirken. Tun Sie daher alles dafür, so lange

wie möglich (idealerweise acht Stunden pro Nacht) und gut zu schlafen. Gehen Sie früh schlafen, wählen Sie Rahmen und Matratzen von guter Qualität, benutzen Sie lichtundurchlässige Vorhänge, verwenden Sie, wenn nötig, Ohrenstöpsel etc. Machen Sie nach dem Mittagessen, wenn möglich, ein kleines Schläfchen. Im Allgemeinen ist das der beste Moment für eine kurze, Energie spendende Siesta, wodurch Sie wieder an Konzentration, Aufmerksamkeit, Erinnerungsvermögen und Ausdauer gewinnen sowie weniger Stress empfinden.

FAQ

IST DER „WEG DES GERINGSTEN WIDERSTANDS" EIN ANERKANNTES PRINZIP?

Ja und nein. Dieses Prinzip ist der Gegenstand einiger psychologischer Studien, die aber nicht nur Positives ergeben haben: Es beschreibt im Allgemeinen die Tendenz des Menschen lieber das zu tun, was er gerne tut anstatt dem, wovor er sich scheut – also Gewohnheiten anstatt Dingen außerhalb seiner Komfortzone. Dadurch schiebt man Aufgaben, die man nicht machen will, vor sich her und gibt sich mit einem Minimum zufrieden, damit man nicht mehr tun muss. So gesehen führt der Weg des geringsten Widerstands nicht unbedingt zur Selbstverwirklichung.

Es ist dennoch möglich, ihn auch als treibende Kraft zu nutzen; das Prinzip ist vor allem im Hinduismus anerkannt. Wenn man verstanden hat, dass man lieber etwas macht, das einem einfach und angenehm erscheint, „reicht" es, eine neue Haltung anzunehmen, um den Großteil der Dinge als angenehm oder wenigstens wichtig für seine Entwicklung zu sehen. Der Weg des geringsten Widerstands sieht vor, dass man sich nicht gegen das wehrt, was von einem gefordert wird, sondern dass man es akzeptiert und Verantwortung übernimmt. Mit dieser Philosophie braucht man weniger Energie für seine Aufgaben.

Außerdem sollte man das Sprichwort „Harte Arbeit wird belohnt" nicht zu ernst nehmen; was wirklich zählt, sind im Allgemeinen die Ergebnisse. Und noch besser ist es, wenn Sie gute Resultate unter weniger Energieaufwand erbringen können! Sie können mehr Arbeit mit weniger Aufwand und mehr persönlicher Zufriedenheit, Motivation und Selbstvertrauen schaffen. Die korrekte Anwendung des Prinzips bedeutet, ausgeglichen zu sein und somit Stress oder Burnouts zu vermeiden.

WIE KANN MAN EINE EFFIZIENTE UND MOTIVIERENDE AUFGABENLISTE ERSTELLEN?

Für eine effiziente und motivierende To-Do-Liste, sollten Sie folgende Tipps beachten:

- **Die Liste sollte visuell sein.** Verwenden Sie Farbcodes oder Symbole zur Unterscheidung der Aufgaben. Damit lenken Sie Ihr Auge direkt auf wichtige Aufgaben oder eine bestimmte Aufgabenkategorie (beispielsweise die für das *Bullet Journal* vorgeschlagenen Symbole wie Sterne vor wichtigen Aufgaben).

- **Sie sollte ansprechend**, aber einfach und gut verständlich sein. Wenn Sie eine einfache Liste auf Papier machen, sollten Sie darauf achten, dass Sie durch Streichungen oder Hinzufügen von Farben nicht zu verwirrend wird. Sollten Sie es vorziehen, dafür eine App zu verwenden, sollten Sie eine für Ihr Auge angenehme Ergonomie und Benutzeroberfläche wählen und keine App mit tausenden von Möglichkeiten aussuchen, die Sie zweifellos nie alle nutzen werden.
- **Sie sollte zum Handeln aufrufen.** Verwenden Sie Aktionsverben für die einzelnen Aufgaben („Herrn Dupont anrufen" oder „einen Artikel für den Blog schreiben" beispielsweise).
- **Sie sollte genau definierte Aufgaben enthalten,** wie „drei Vorschläge für das Layout der Startseite der Website festhalten" anstatt „an der Neufassung der Website arbeiten".

Eine gute Methode besteht in der Verwendung von zwei Listen: eine für heute zu erledigende Aufgaben und eine für zu erledigende Aufgaben ohne Deadline. Letztere bildet Ihre „Aufgabenreserve". Die dort vermerkten Aufgaben können Sie dann täglich je nach Dringlichkeit und Bedeutung erledigen. Aufgaben, die an einem bestimmten Datum erledigt werden müssen, sollten Sie direkt in Ihren Kalender eintragen.

WIE KANN MAN ANGESICHTS STÄNDIGER STÖRUNGEN (UNVORHERGESEHENES, UNTERBRECHUNGEN ETC.) PRODUKTIV BLEIBEN?

Man kann nicht alles vorhersehen und daher stellen sich unvorhergesehene Ereignisse immer dann ein, wenn es am wenigsten passt. Um dabei nicht alles über den Haufen werfen zu müssen, sollten Sie immer etwas Platz in Ihrer Tagesplanung lassen und selbst wenn diese Zeiträume nicht reichen, um etwas Unvorhergesehenes zu regeln, sind die Pausen zumindest angenehm, um Aufgaben für den nächsten Tag vorzubereiten oder Ähnliches.

Die größten Hindernisse, die Sie bei der Arbeit stören, sind dauernde Unterbrechungen, welche schlecht für Ihre Konzentration sind. Sie können leider nicht immer vermieden werden bzw. nehmen Sie einen Großteil des Arbeitstages ein, vor allem, wenn Sie in einem Open Space arbeiten oder immer telefonisch erreichbar sein müssen.

Sie können Unterbrechungen durch ein paar einfache Regeln beschränken und sich somit zumindest ein wenig Zeit für ungestörtes Arbeiten verschaffen. Dadurch können Sie schneller arbeiten und bessere Ergebnisse liefern.

• Nehmen Sie während eines bestimmten Zeitraums, wenn möglich, keine Anrufe entgegen. Sie könnten beispielsweise neben die Nummer des Unternehmens, in Ihrer E-Mail-Signatur und auf Ihrer Internetseite „nur zwischen 11 und 15 Uhr" angeben, was Ihnen einige produktive Stunden am Anfang und Ende jedes Tages verschafft.
• Wenn Sie am Computer arbeiten, sollten Sie Ihr E-Mail-Programm sowie alle anderen Programme, die Sie gerade nicht brauchen, schließen.
• Achten Sie auf Ihre eigenen Bedürfnisse und Grenzen. Antworten Sie auf eine Anfrage, dass Sie sich, wenn möglich, später darum

kümmern werden oder nehmen Sie sie nicht an, wenn Sie dafür nicht zuständig sind.
- Wenn Sie über ein eigenes Büro haben, können Sie die Tür schließen, wenn Sie nicht gestört werden wollen. In einem Gemeinschaftsbüro können Sie Kopfhörer aufsetzen und damit signalisieren, dass Sie sich konzentrieren müssen.

Die gegen ständige Unterbrechungen wirksamen Mittel sind von den Umständen an Ihrem Arbeitsplatz abhängig. Aber das Prinzip bleibt immer das gleiche: Tun Sie alles in Ihrer Macht Stehende, um sich Zeit für ungestörtes Arbeiten zu verschaffen.

WIE KANN MAN SICH AUF DIE ANGESTREBTEN ERGEBNISSE KONZENTRIEREN?

Der Schlüssel zu gesteigerter Produktivität ohne Mehraufwand liegt darin, sich auf die angestrebten Ergebnisse zu konzentrieren und sich nicht mit kleinen, alltäglichen Aufgaben ohne Mehrwert aufzuhalten. Aber wie ist es möglich, das im Kopf zu behalten, wenn viel zu tun ist und sich unvorhergesehene Ereignisse und externe Anfragen häufen?

Die Eisenhower-Matrix kann Ihnen dabei helfen. Diese Tabelle ermöglicht es, wichtige, dringende und unwichtige Aufgaben zu differenzieren. Sie ist jedoch kein Hilfsmittel, das einmal verwendet und dann wieder verworfen werden sollte. Halten Sie die Tabelle genau wie Ihre schriftlich festgehaltenen Ziele immer griffbereit und kategorisieren Sie damit alle Aufgaben, um festzustellen, welche Sie weiterbringen und welche nicht.

Wenn Sie ein großes Problem vor sich haben, schauen Sie sich ihre Prioritätenliste noch einmal an und planen Sie es für einen anderen Tag ein.

TRÄGT EIN MITTAGSSCHLÄFCHEN ZU BESSERER KONZENTRATION UND GESTEIGERTER PRODUKTIVITÄT BEI?

Ja! Eine 20-minütige Siesta nach dem Mittagessen wird sogar empfohlen, um Ihren Organismus aufzuladen und Ihren Geist zu klären. Das ist jedoch gesellschaftlich noch nicht überall akzeptiert und vor allem müssen Sie erst Ihren Arbeitgeber von der Sinnhaftigkeit

Ihres Anliegens überzeugen ... Außerdem muss er, wenn nicht bereits ein Pausenraum dafür vorhanden ist, damit einverstanden sein, dass Sie dafür Ihr Büro oder, wenn Sie kein eigenes Büro haben, einen Konferenzraum nutzen.

JETZT SIND SIE GEFRAGT!

WENN PRODUKTIVITÄT MIT WOHLBEFINDEN EINHERGEHT

Jetzt sind Sie gefragt

Wohlbefinden

- Dem „Weg des geringsten Widerstands" folgen
- Sich Pausen zugestehen
- Psychosoziale Risikofaktoren durch Stressbewältigung reduzieren

Produktivität

- Seine Aufgaben verwalten und seine Zeit einteilen
- Prioritäten setzen
- Gewohnheiten schaffen
- Seinen Arbeitsplatz in Ordnung halten
- Unterbrechungen beschränken

Arbeit

Ihre Meinung ist uns wichtig!
Hinterlassen Sie doch einen Kommentar auf der
Seite unserer Online-Buchhandlung
und teilen Sie Ihre Favoriten in den sozialen
Netzwerken!

DARÜBER HINAUS

LITERATURVERZEICHNIS

- Carrol, Ryder: *Bullet Journal.* http://bulletjournal.com/ (03.05.2019).

- Chopra, Deepak: „Les 7 lois spirituelles du succès". *Méditationfrance.com.* http://www.meditationfrance.com/meditation/chopra/ (03.05.2019).

- Goleman, Daniel: *L'intelligence émotionnelle.* J'ai lu: Paris 2014.

- Légeron, Patrick: *Le stress au travail. Un enjeu de santé.* Odile Jacob: 2015.

- Pigeot, Charles-André; Pigeot, Romain: *Le guide du bien-être au travail.* 2. Auflage. Eyrolles: Paris 2016.

WEITERFÜHRENDE LITERATUR

- Franke, Mirijam: „3 Ansätze, die Ihre Produktivität deutlich steigern". *Karrieretipps. Arbeits-abc.de.* https://arbeits-abc.de/produktivitaet-steigern/ (03.05.2019).

- Mai, Jochen: „Pareto-Prinzip: Die Gefahr der 80-20-Regel". *Management. Karrierebibel.de.* (05.02.2017). https://karrierebibel.de/pareto-prinzip-8020-regel/ (03.05.2019).

- Mangold, Thomas: „22 Tipps, die deine Produktivität steigern." *Selbst-management.biz.* (26.02.2019). https://www.selbst-management.biz/produktivitaet-steigern/ (03.05.2019).

50MINUTEN.de
Geschichte
Business
Für die Arbeitswelt
Non-Fiction kompakt
Gesundheit & Wellness
Kunst und Literatur
DAS PARETO-PRINZIP
Die 80/20-Regel
Gesamtaufwand
Ergebnisse
20%
80%
80%
20%
Wichtig
Unwichtig
DAS CANVAS-BUSINESSMODELL
DIE SWOT-ANALYSE
SCHMÖKERN SIE SICH SCHLAU!
www.50Minuten.de

www.50Minuten.de

ISBN digitale Ausgabe: 9782808020404

ISBN gedruckte Ausgabe: 9782808020411

Pflichtexemplar: D/2019/12603/185

Cover: © Plurilingua

Digitale Aufbereitung: Primento, der digitale Partner der Herausgeber